Antonio

VIVALDI

DESCUBRIMOS A LOS MÚSICOS

Ilustraciones de Charlotte Voake
Texto de Olivier Baumont

¿Un lugar con canales en lugar de calles? Sí. Está en Italia: es Venecia, una ciudad donde se transita en góndola y uno de los lugares más bellos del mundo. A los venecianos les gusta celebrar las fiestas, disfrazarse, bailar y tocar música, sobre todo en Carnaval. El 4 de marzo de 1678, poco después de la celebración de esta festividad, se produjo un terrible terremoto, el mismo día en que nació uno de los grandes músicos italianos: Antonio Vivaldi.

CONSTRUYE UN INSTRUMENTO

¿Has construido alguna vez un instrumento de música? Con una caña es fácil construir un flautín. Con una madera y unas cuerdas de tripa o metal tensadas, ¿qué instrumento crees que puede construirse?

Vivaldi correteó cerca de la iglesia de San Martino, en un barrio humilde donde se daban cita los mil sonidos de la ciudad.

Jugaba en una de las pequeñas plazas del barrio, donde llegaba el aroma de los pasteles y de la ropa limpia. Muy cerca, un arsenal con enormes cañones. ¡Qué fascinante era ver cómo los construían!

TRABAJAR CANTANDO

Los comerciantes iban antes por las calles vendiendo sus productos y anunciaban su presencia con una melodía, de tal forma que los habitantes sabían de quién se trataba. Busca una melodía para la profesión que quieras desarrollar en un futuro.

El padre de Vivaldi desempeñó diversos oficios: barbero y panadero, aunque su pasión era la música. Fue violinista en la orquesta de San Marco cuando Antonio tenía siete años. El pequeño iba a menudo a escuchar a su

LA AMISTAD EN LA MÚSICA

¿Has jugado alguna vez con tus amigos a ser músicos? A veces, resulta difícil pero es muy divertido. Ciertos instrumentos combinan muy bien juntos: el violín y el clavecín, la flauta y la guitarra...

padre. Todos conocían al padre y al hijo por el color rojo de su pelo, por lo que el joven Vivaldi fue más tarde llamado «il prete rosso»: el cura pelirrojo.

Desde pequeño, Vivaldi sólo tenía una idea en la cabeza: aprender música. Su padre le enseñó a tocar el violín, instrumento del que se apasionó. Acudía regularmente a la basílica de San Marco para escuchar al

gran compositor Giovanni Legrenzi. A Vivaldi le emocionaba la voz de los cantantes unida al órgano y, a los trece años, comenzó a componer música religiosa.

IMITA EL VIOLÍN

En un violín hay cuatro cuerdas. Cuando se pinzan o frotan con el arco, se producen cuatro notas: sol, re, la, mi, de más grave a más aguda. Es muy fácil tocar estas notas en un teclado y cantarlas.

Antonio era el mayor de seis hermanos y, mientras él componía música, los pequeños se dedicaban a corretear por las calles de la ciudad y a armar un gran escándalo. Uno de ellos fue condenado, siendo mayor,

a cinco años de exilio por haberse peleado con el hijo del panadero con un arma blanca.

¿MÚSICA O RUIDO?

Imagina todos los sonidos que pueden evocar una pelea: gritos, un portazo, pataleos, objetos que vuelan...

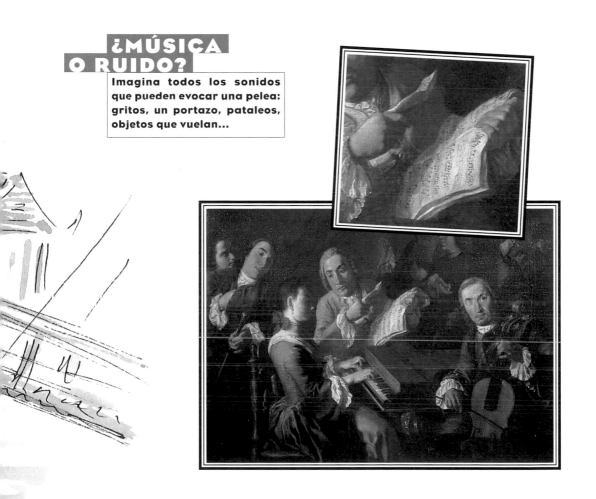

L a familia de Vivaldi era humilde y el joven cursó estudios de sacerdocio; con lo que consiguió una buena formación y una estabilidad económica. A los quince años recibió la tonsura, es decir, le cortaron el pelo

COMPONER Y COPIAR

Vivaldi componía música a gran velocidad. La copiaba él mismo, pues imprimir música era muy caro en aquella época. ¿Has copiado en alguna ocasión un fragmento musical en papel pautado?

en forma circular como a los sacerdotes. En su nueva vida, Antonio dispuso de mucho tiempo para escribir música y tocar su querido violín.

Vivaldi era un músico muy conocido en Venecia: cuando tocaba, el público le aplaudía con gran entusiasmo. A los veinticinco años de edad consiguió su primera plaza de profesor de música en el Ospedale della Pietà, un colegio para chicas que disponía de una orquesta y un coro que Vivaldi dirigió con el clavecín o el violín.

IR A UN CONCIERTO

¿Has ido alguna vez a un concierto? Si toca toda la orquesta, el director se coloca en medio del escenario, ante los músicos y de espaldas a ti porque, con las dos manos, les da indicaciones.

Hoy,

como ayer...

seguimos

escuchando

la música de

VIVALDI.

LAS CUATRO ESTACIONES

Vivaldi compuso más de cuatrocientos conciertos para diversos instrumentos, entre ellos *Las cuatro estaciones*, cuatro conciertos para violín y orquesta que describen el paso de la primavera, el verano, el otoño y el invierno. Un concierto es una obra musical en que uno o diversos instrumentos dialogan con la orquesta. Vivaldi popularizó el concierto en tres movimientos: vivo-lento-vivo. Escucha, en el primer movimiento de «El otoño», cómo el compositor refleja las danzas y los cantos de los campesinos que celebran una buena cosecha. En el otro concierto, para oboe y orquesta, el oboe parece imitar la voz humana.

Vivaldi fue, sin duda, un violinista virtuoso. Por eso, utilizaba tanto el violín en sus conciertos.

Las dos violinistas que están de pie son las solistas que dialogan con la orquesta, que está detrás de ellas.

LAS CUATRO ESTACIONES. CONCIERTO RV 293, «EL OTOÑO», I.ᵉʳ MOVIMIENTO, ALLEGRO
CONCIERTO OP. 7 N.º I RV 465 PARA OBOE, CUERDA Y BAJO CONTINUO, 2.º MOVIMIENTO, LARGO

SONATA PARA VIOLONCHELO

La música de cámara puede tocarse en una sala de casa porque no necesita muchos instrumentos. Esta música ha sido siempre muy popular, pues permite reunirse a un grupo de amigos que quieren tocar juntos. Vivaldi compuso muchas obras de música de cámara: sonatas para violín, violonchelo o flauta, acompañadas frecuentemente por el clavecín. En la música que ahora escucharás, los instrumentos conversan entre sí, al igual que los actores de una obra de teatro.

En época en que no era posible grabar música, tocar con los amigos era una manera amena de conocer piezas musicales. El clavecín (abajo) es un instrumento de teclado en que se punzan las cuerdas. Era el instrumento por excelencia en la época de Vivaldi.

STABAT MATER

En Venecia siempre ha habido muchas iglesias. Hoy día todavía se interpreta en ellas música sagrada, en la que los instrumentos, y sobre todo el órgano, acompañan las voces. Vivaldi compuso todo tipo de música religiosa: motetes, piezas para ciertas partes de la misa como el *Kyrie*, el *Gloria* o el *Credo*, e himnos como el *Stabat Mater*, que evocan el dolor de la madre de Jesús por la muerte de su hijo. Para el *Stabat Mater*, compuso una música muy expresiva, dolorosa e impregnada de una enorme tristeza.

Los venecianos eran muy devotos: sus numerosas fiestas comenzaban o acababan casi siempre en la iglesia.

Vivaldi compuso numerosas obras religiosas para el colegio della Pietà. Las internas acudían cada día a los oficios religiosos.

ORLANDO FURIOSO

Imagínate un escenario con los decorados, las tramoyas, los bailarines, los cantantes bien ataviados explicando una historia, la orquesta y todos ellos dirigidos por un director: esto es la ópera. Las óperas atraían a un público muy numeroso y Vivaldi compuso más de cuarenta. Además de compositor, fue el director de orquesta y el productor: contrataba a los músicos, al escenógrafo, a los bailarines y a los cantantes. ¡Era, pues, compositor y empresario! En la siguiente aria, interpretada con voz femenina, el héroe Orlando expresa su entusiasmo de guerrero y su deseo de encontrar a Angélica, su amada.

Desde el siglo XVII, tras el escenario de los teatros de ópera se disponía de amplios espacios para los decorados.

La historia de *Orlando furioso*, escrita por Ariosto a principios del siglo XVI, ha inspirado a diversos compositores: Vivaldi, Lully y Haendel.

DISCO

1 Carnaval sobre el agua
Sinfonía RV 146 en sol mayor para cuerda y bajo continuo
I Solisti Veneti
Director: Claudio Scimone
4509 96382 2
℗ Erato Classics SNC, 1978

Las cuatro estaciones. Concierto RV 269, «La primavera»
Andrew Manze, piano
The Amsterdam Baroque Orchestra
Director: Ton Koopman
4509 94811 2
℗ Erato Disques SAS, 1996

2 Diversión en la calle
Serenata a tres, aria de Eurilla «La dolce Auretta...»
Daniela Mazzucato, soprano
I Solisti Veneti
Director: Claudio Scimone
4509 97417 2
℗ Erato Classics SNC, 1984

3 Padre e hijo pelirrojos
Concierto RV 558 en do mayor
I Solisti Veneti
Director: Claudio Scimone
2292 45203 2
℗ Erato Classics SNC, 1984

4 Aprender música
Gloria RV 588 en re mayor, «Gloria»
English Bach Festival Chorus
Director del coro: Nicholas Cleobury
English Bach Festival Baroque Orchestra
Director: Michel Corboz
℗ Erato Classics SNC, 1975

5 Unos hermanos muy traviesos
Concierto basado en el Op. 2 n.º 4 en la bemol mayor para trompeta, cuerda y bajo continuo
Maurice André, trompeta
Orchestre de Chambre Jean-François Paillard
Director: Jean-François Paillard
4509 92124 2
℗ Erato Classics SNC, 1965

6 Religioso a los quince años
Johann Sebastian Bach, Concierto BWV 596 en re menor para órgano basado en L'estro armonico de Vivaldi
Marie-Claire Alain, órgano
0630 15343 2
℗ Erato Classics SNC, 1980

7 Virtuoso y profesor
Concierto RV 532 en sol mayor para dos mandolinas, cuerda y bajo continuo
Ugo Orlandi, Dorina Frati, mandolinas
I Solisti Veneti
Director: Claudio Scimone
4509 92239 2
℗ Erato Classics SNC, 1984

8 El concierto
Las cuatro estaciones. Concierto RV 293, «El otoño»
Andrew Manze, violín
The Amsterdam Baroque Orchestra
Director: Ton Koopman
4509 94811 2
℗ Erato Disques SAS, 1996

Concierto Op. 7 n.º 1 RV 465 en re menor para oboe, cuerda y bajo continuo
Marcel Ponseele, oboe
The Amsterdam Baroque Orchestra
Director: Ton Koopman
4509 94811 2
℗ Erato Disques SAS, 1996

9 Música de cámara
Sonata n.º 5 RV 40 en mi menor para violonchelo y clavecín
Paul Tortelier, violonchelo
Robert Veyron-Lacroix, clavecín
2292 45658 2
℗ Erato Classics SNC, 1965

10 Música religiosa
Stabat Mater RV 621, «Stabat Mater»
Naoko Ihara, alto
Orchestre Gulbenkian de Lisboa
Director: Michel Corboz
4509 91936 2
℗ Erato Classics SNC, 1977

11 La ópera
Orlando furioso RV 728, aria de Orlando «Nel profondo...»
Marilyn Horne, mezzosoprano
I Solisti Veneti
Director: Claudio Scimone
2292 45147 2
℗ Erato Classics SNC, 1978

TABLA DE ILUSTRACIONES

CRÉDITOS FOTOGRÁFICOS